le livre d'anti-coloriage

Susan Striker
Edward Kimmel

seuil

A Michael J. Striker
Stephen, Howard et Rachel Kimmel

Pour leur aide et les idées qu'ils nous ont apportées nous tenons à remercier Herberta W. Sinkus, Herb Perr, John Striker, Joan Imbrogno et tous nos élèves, en particulier John Mengel, Philip Popielarski et Peter Popielarski.

Adapté de l'anglais

Titre original : THE ANTI-COLORING BOOK

ISBN 2-02-006289-5
(Édition originale : ISBN 0.03.044091.2, Holt, Rinehart et Winston, Ltd, New York.)

Introduction

« Respecter l'artiste, c'est permettre qu'il exerce librement son choix... Pour une part considérable, l'art tire ses effets bénéfiques de son audace à braver les contraintes. »
Henry James

Picasso a dit un jour qu'il aurait aimé dessiner aussi bien qu'un enfant. Le propos de ce livre est de libérer l'enfant qui est en nous tous. Chacun des exercices que nous avons rassemblés ici a pour but de stimuler l'imagination et de provoquer la créativité ; aucun d'eux ne présuppose une solution unique, pas plus qu'une « bonne » réponse. Ce qu'ils mettent en jeu, c'est l'improvisation et les libres associations d'idées. Il est peu probable que, partant du même canevas, deux personnes obtiennent deux compositions identiques. Les auteurs souhaitent que, une fois achevé, chaque dessin soit comme le révélateur des intérêts de l'enfant, de ses émotions, de la finesse de ses observations, de ses goûts. Une image, en somme, de son monde intérieur.

S'exprimer par la peinture et le dessin est un besoin universel. « L'art est une forme d'être, assurait Jackson Pollock, l'artiste peint ce qu'il est. » L'enfant qui n'a pas eu accès à l'enseignement de l'art sait se trouver d'autres moyens d'expression. Ainsi notre époque a-t-elle vu fleurir la bande dessinée juvénile et jusqu'aux simples graffiti : en « bombant » leurs noms sur des murs ou dans les couloirs du métro, les jeunes font à leur manière œuvre d'art.

Pour trop d'enfants, les activités artistiques revêtent un caractère contraignant et obligé — décalquer, colorier des formes existantes, etc. — qui masque la finalité de leur action : la libre expression de soi. Mais, bien que la télévision ait pu les encourager à persévérer dans cette attitude passive, nous n'avons pas réussi à tuer tout à fait en eux ce besoin fondamental de s'exprimer par et à travers une pratique artistique.

L'enfant dessine sur n'importe quel support, la pierre ou le sable. Vers l'âge de deux ans, il commence à griffonner sur des feuilles de papier. Un peu plus tard, il donne un nom à ses gribouillis et, plus tard encore, il invente des histoires sans fin à partir de son dessin. Pour les jeunes enfants, le dessin est une source intense d'amusement et d'autosatisfaction.

Le malheur veut que les adultes jugent l'œuvre enfantine à son degré d'exactitude réaliste, ignorant ainsi l'aspect le plus significatif des premiers gribouillis, le fait que ces dessins « sauvages » font affleurer un monde imaginaire, des pulsions profondes.

Nous commettons l'erreur de vouloir persuader les enfants que leurs dessins, pour être jugés conformes à la norme, doivent se plier à certaines conventions. Nous leur offrons des livres de coloriage conçus et réalisés par des graphistes professionnels. Nous les obligeons ainsi à abandonner leurs vagabondages pour suivre le chemin qu'ont tracé pour eux des adultes, si talentueux soient-ils. Une fois qu'ils seront venus à bout des premières pages d'un livre de coloriage, qu'auront-ils appris ? Que les adultes, selon les critères des adultes, dessinent mieux qu'eux. A ce stade, la plupart des enfants se désintéressent de leurs propres œuvres, malgré la fraîcheur inventive dont celles-ci témoignent.

Les imitations proposées par les livres de coloriage, comme l'ont bien montré les expériences du Dr Irene Russell, forcent les enfants à abandonner leur vision personnelle des choses, la libre expression de leurs sentiments.

La figure 1 est d'un enfant qui n'a pas pratiqué les livres de coloriage. Après qu'il s'est exercé à reproduire les images de tels livres (fig. 2), l'enfant a perdu son originalité : ses oiseaux ne sont plus que des copies (fig. 3).

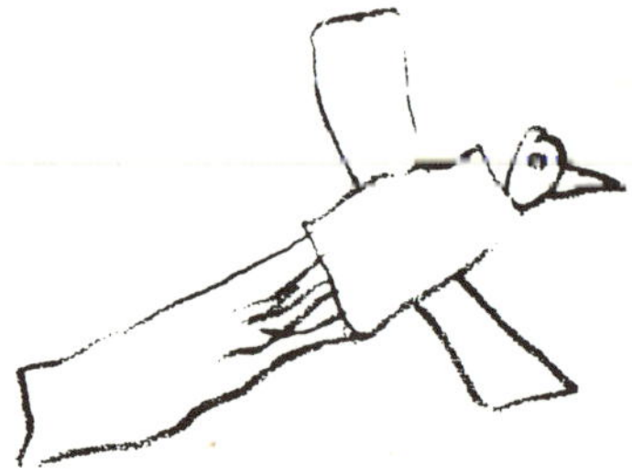

1

2

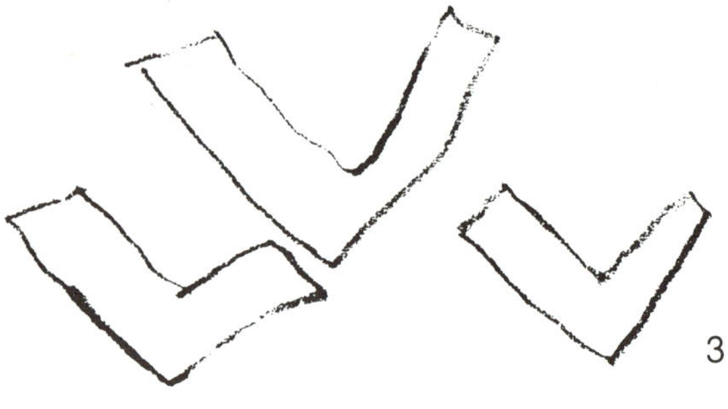

3

Peu importe le degré d'exactitude de l'œuvre : ce qui compte pour un enfant, c'est la satisfaction, voire la jubilation, que l'acte même de peindre ou de dessiner lui procure.

Ce livre ne s'adresse pas aux petits prodiges dont le seul besoin est une feuille blanche, mais à tous ceux, enfants et adultes, qui un jour se sont dit : « Je ne peux pas dessiner » ou « Je ne sais pas quoi dessiner ». C'est, en vérité, un livre d'anticoloriage, qui voudrait combattre l'influence pernicieuse d'autres livres prétendument « pour enfants ». Il devrait permettre à la sensibilité et au jugement personnel de s'éveiller, à la fantaisie d'ouvrir à nouveau ses ailes. Puissent aussi, grâce à lui, enfants comme adultes retrouver le goût de l'aventure et de la liberté, qui est le goût même de l'œuvre d'art en train de se faire.

Vous êtes un conquérant de l'espace. Quel sera le drapeau de votre nouvelle planète ?

Un artiste célèbre a la main dans le plâtre.
Il a besoin de vous pour achever son tableau.
Tournez le livre dans le sens qui vous plaira.

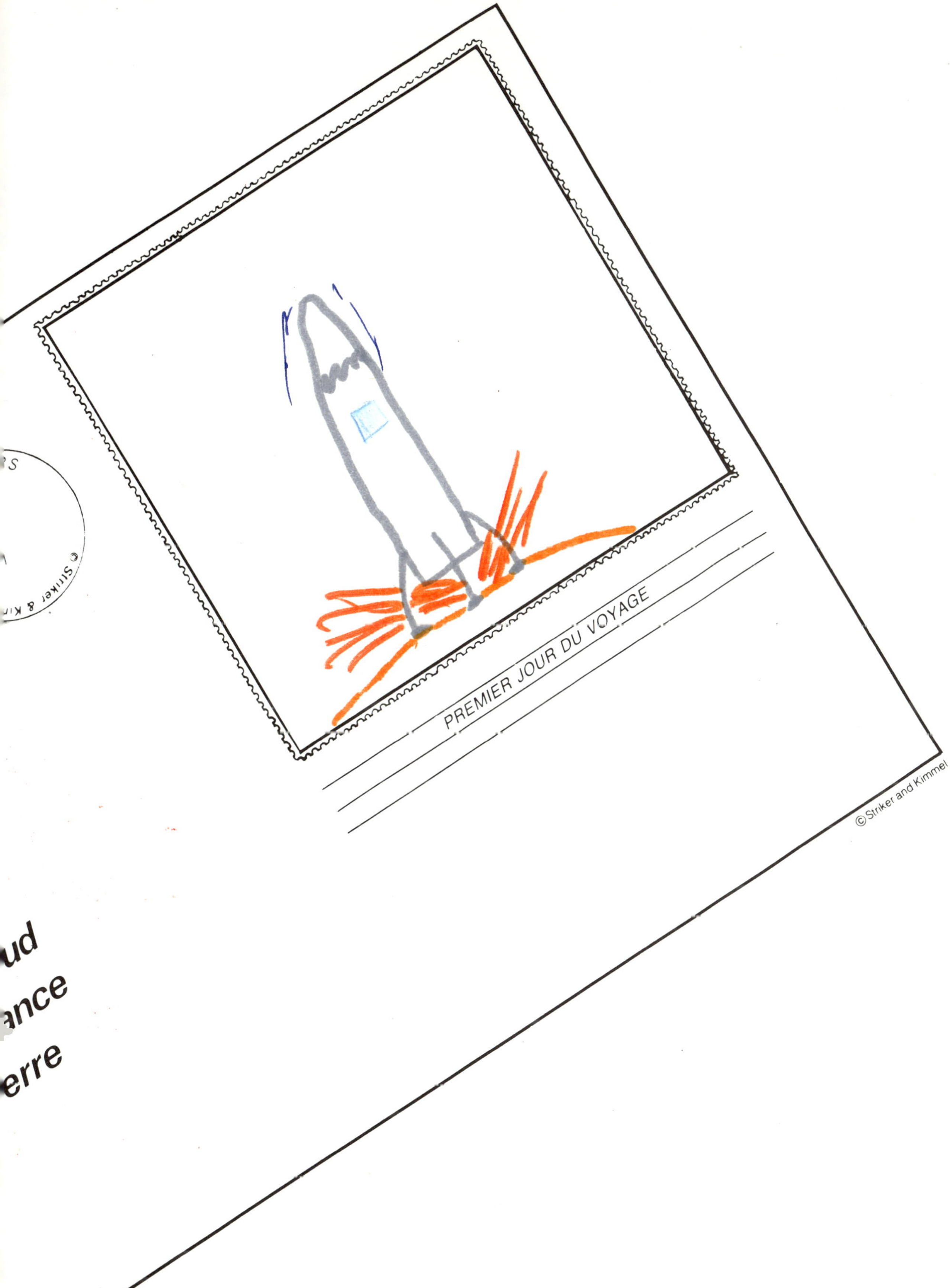

C'est la première lettre qui partira
de la planète Mars vers la Terre.
Imaginez son timbre.

Nom du poisson : SEVILLA

Découvert par : POMMIER

Lieu de la découverte : COLLEGE

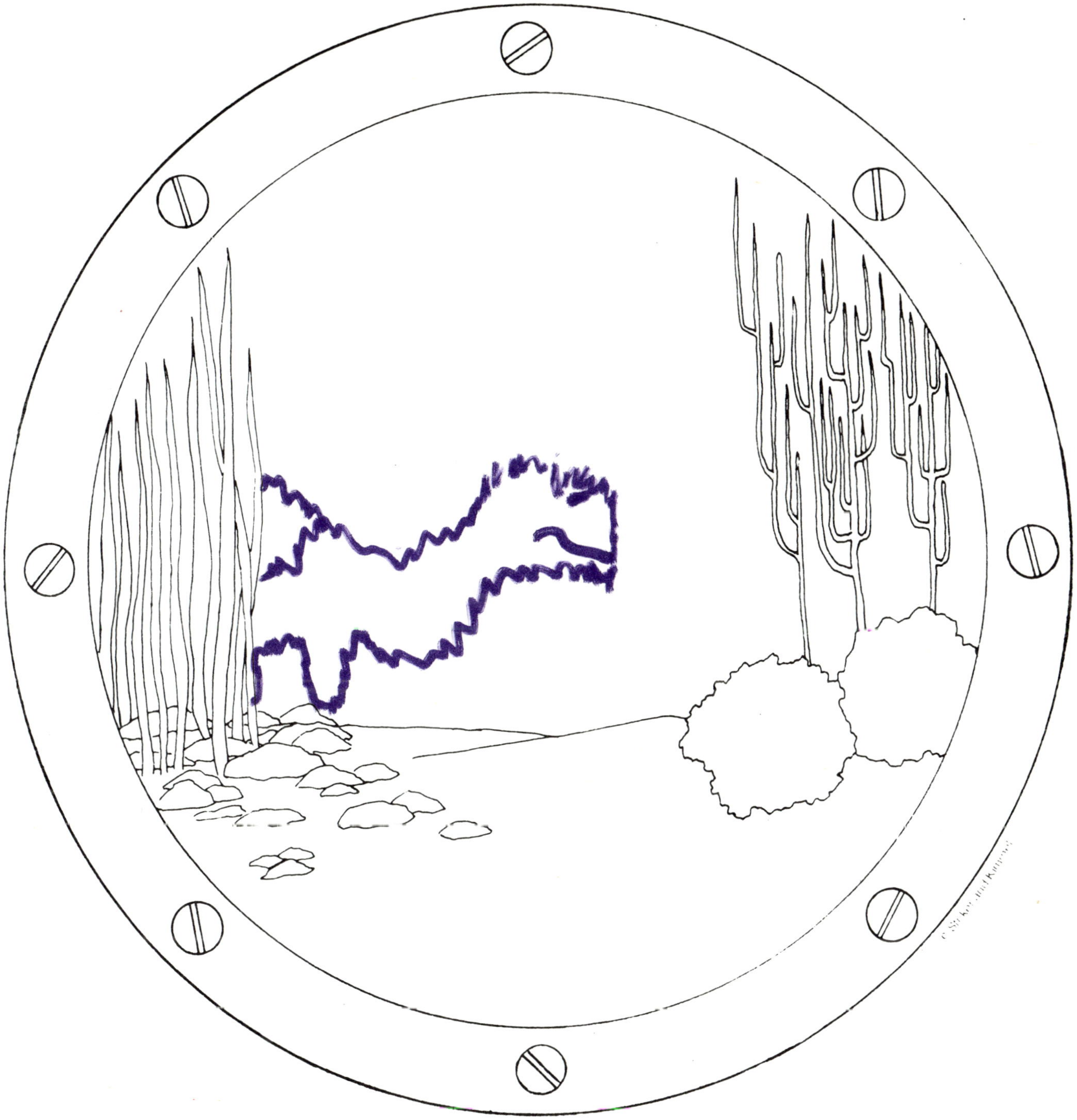

Des savants viennent de découvrir
une nouvelle espèce de poisson,
mais ils ne lui ont pas encore donné de nom.
A quoi ressemble-t-il et comment l'appelleriez-vous ?

Quel a été votre plus beau rêve ?

ah-ah-ah
Dessinez le cauchemar le plus affreux que vous avez fait.

3F **JOURNAL**

Vol. 1 No. 1

© Striker and Kimmel

FANTASTIQUE!

LES MARTIENS SONT ARRIVÉS

Vous êtes l'illustrateur du Journal.

Fonction ______________________

____

Dessinez le robot
qui se chargera de faire
ce que vous n'avez pas envie de faire.

Mille dollars, ça vous servirait à quoi ?

Le magasin le plus farfelu du monde vous charge de créer
son sac publicitaire.

Plongeur sous-marin,
vous venez de faire une découverte sensationnelle.
Qu'avez-vous vu ?

Qu'est-ce qu'il photographie ?

M. le clown est invisible, sauf ce point noir.
Reconstituez sa silhouette à partir du point.

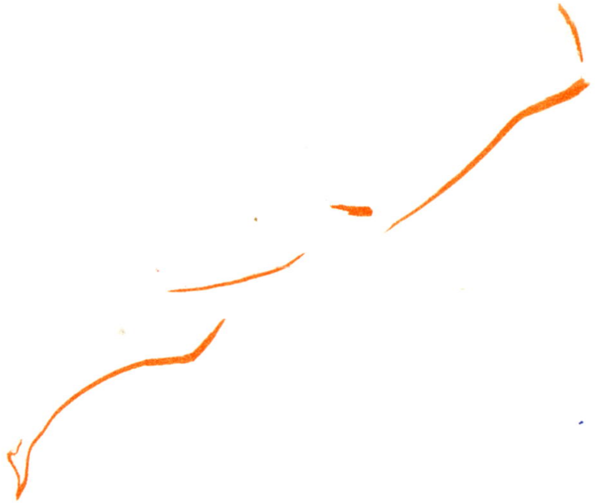

Pouvez-vous transformer la paire de ciseaux
en quelque chose de tout à fait différent ?
Tournez la feuille dans le sens qui vous convient.

Dessinez un blason qui ait un rapport avec vous
et votre famille.

RECHERCHÉ

POUR: Meurtre á la tronconneuse

NOM: billy le macabé

Empreintes digitales

Vous avez commis un acte terrible. Montrez-nous
ce que vous avez fait et mettez vos empreintes digitales.

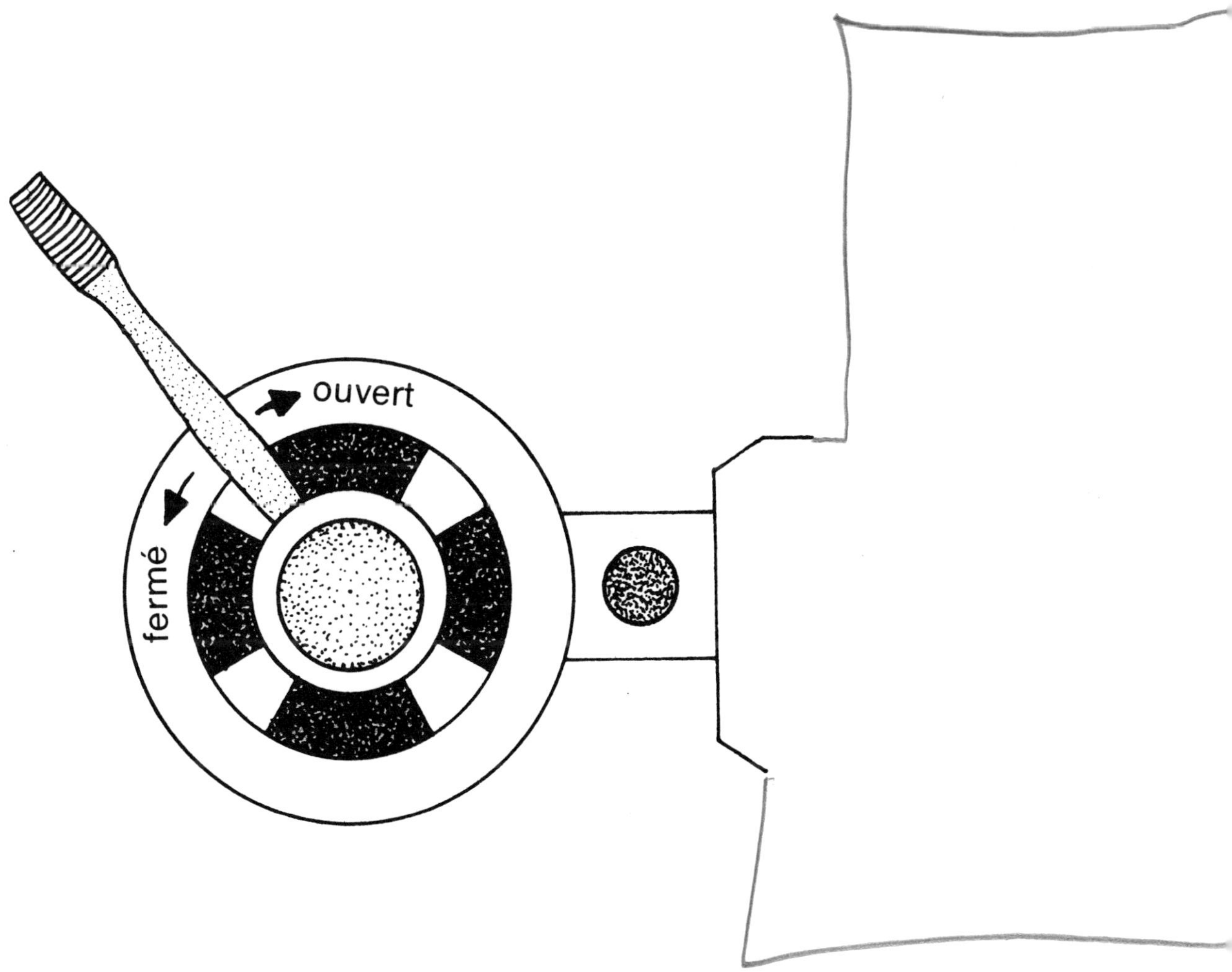

Vous venez d'inventer une machine qui va bouleverser
la vie de tous les êtres humains. Mais vous seul connaissez
suffisamment bien l'invention pour achever le dessin.

Mission : faire apparaître
le printemps, l'été, l'automne et l'hiver.

Apercevez-vous votre avenir
dans cette boule de cristal ?

C'est le jour de votre anniversaire.
La boîte contient le cadeau que vous désirez le plus au monde.
Pouvez-vous nous le montrer ?

Académie des fleurs

Nom de la plante : ____________________

Découverte par : ____________________

Lieu de la découverte : ____________________

Odeur : ____________________

Est-elle vénéneuse ? ____________________

Taille : ____________________

Observations sur la plante : ____________________

Vous avez découvert une plante vénéneuse dans votre jardin.
Des savants vous ont demandé de la dessiner, de lui donner
un nom et de raconter comment vous l'avez trouvée.

Qu'est-ce qu'ils regardent ?

Dans quel pays aimeriez-vous aller pour regarder un arc-en-ciel ?

Des explorateurs
ont découvert un oiseau
inconnu au fond de la jungle.
Ils l'ont dessiné perché
sur un arbre.
©Striker and Kimmel

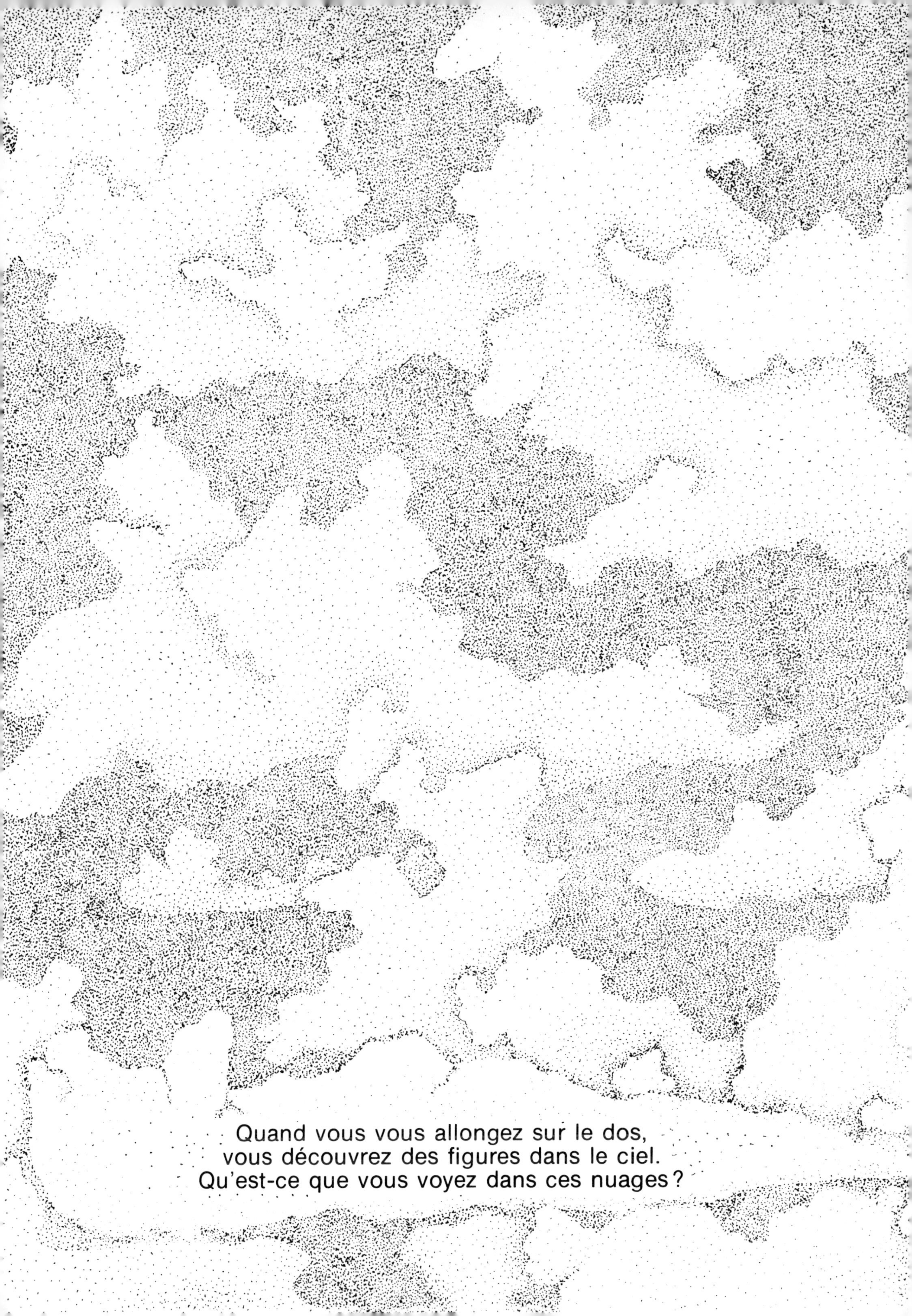

Quand vous vous allongez sur le dos,
vous découvrez des figures dans le ciel.
Qu'est-ce que vous voyez dans ces nuages ?

LE QUOTIDIEN

3F *Vol. 12 No. 24*

QUEL EXPLOIT!

Vous avez accompli un acte exceptionnel. Le lendemain, le journal montre votre exploit et raconte l'histoire.

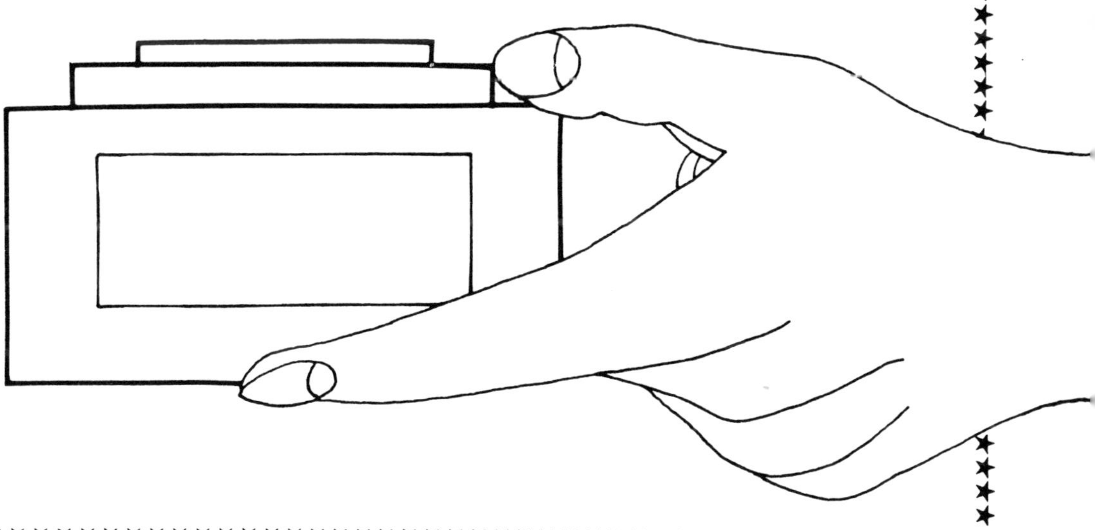

A quoi ressemble le trophée que vous souhaitez offrir ?
Et à qui l'offrirez-vous ?

Le prisonnier revit la scène
qui l'a fait se retrouver
derrière les barreaux.

L'autre moitié de la photographie manque.
A vous de l'imaginer.

Pour certains la lune ressemble à une tête de femme,
à un Pierrot ou à une grosse crêpe.
Et pour vous ?

DIEU

Il est comment, Dieu ?

C'est la lettre que vous envoyez à la personne que vous aimez — ou détestez — le plus au monde. Partout où c'est possible, mettez des images à la place des mots.

Ils n'arrivent pas à choisir ce qu'ils vont se mettre sur la tête.
Pouvez-vous les aider ?

Des cosmonautes ont rencontré des fleurs qui poussent
sur la planète Jupiter. A quoi ressemblent-elles ?

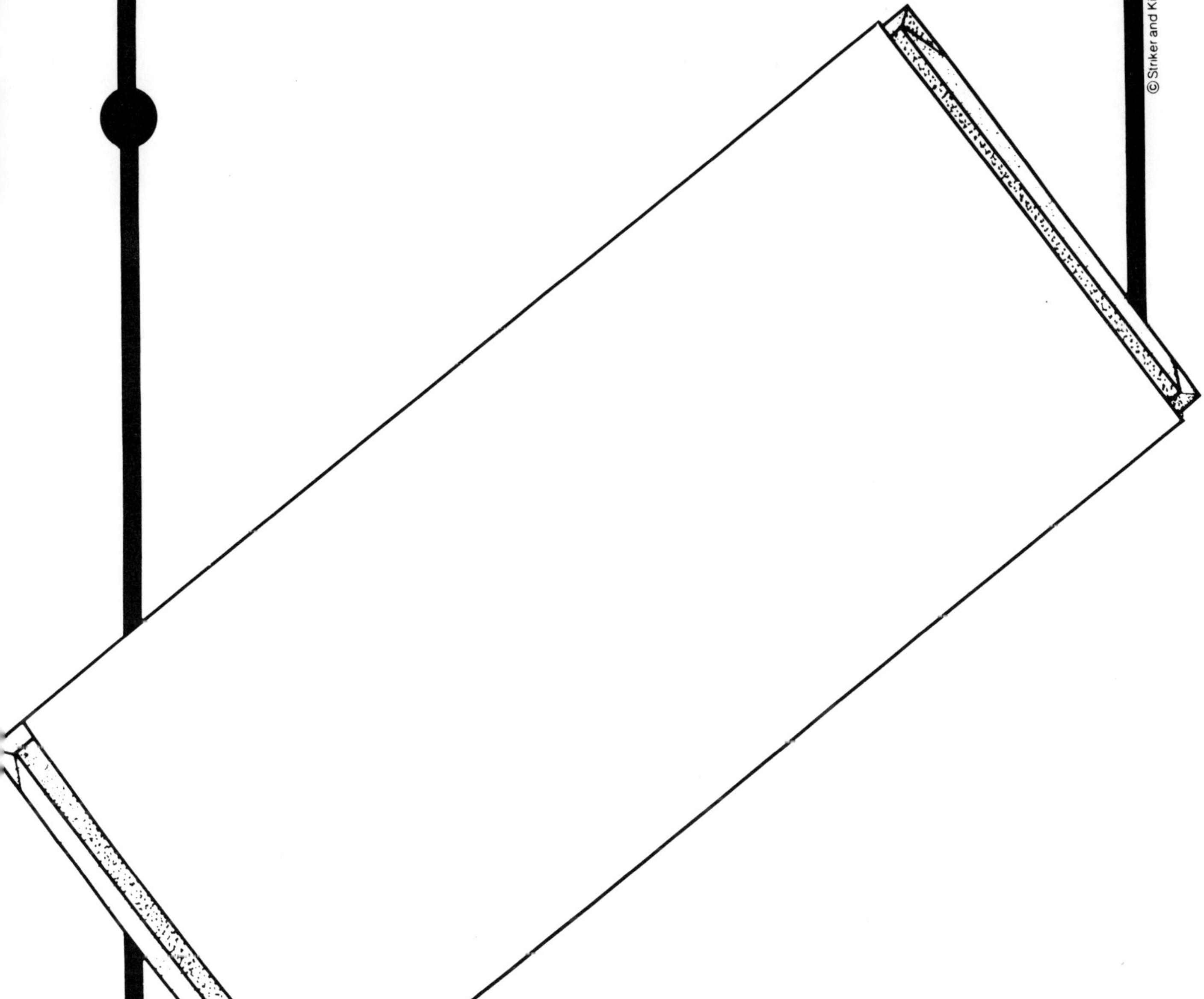

A vous de dessiner un emballage
et de donner un nom
à cette nouvelle et délicieuse
tablette de chocolat.

Quels sont les moyens de transport
que nous utiliserons en l'an 2001 ?

Chacune de ces trois personnes éprouve une émotion différente. A vous d'exprimer ces émotions.

L'artiste commence un tableau bien étrange.
Qu'est-ce qu'il veut peindre ?

LA PREMIERE ETOILE DE LA NUIT

On aimerait bien savoir ce qu'ils survolent.

Devant la glace
de la salle de bains, le matin, vous avez quelle tête ?

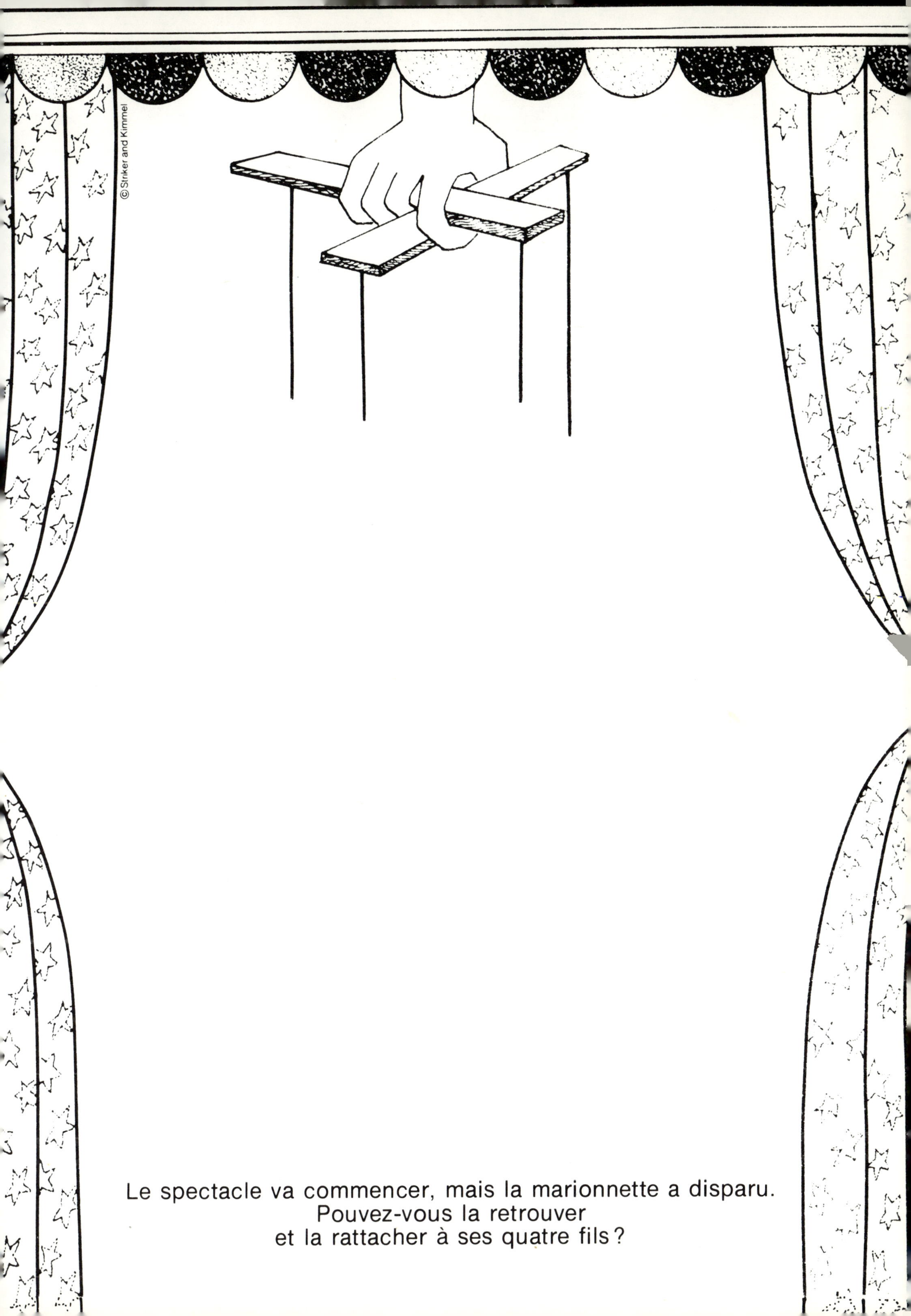

Le spectacle va commencer, mais la marionnette a disparu.
Pouvez-vous la retrouver
et la rattacher à ses quatre fils ?

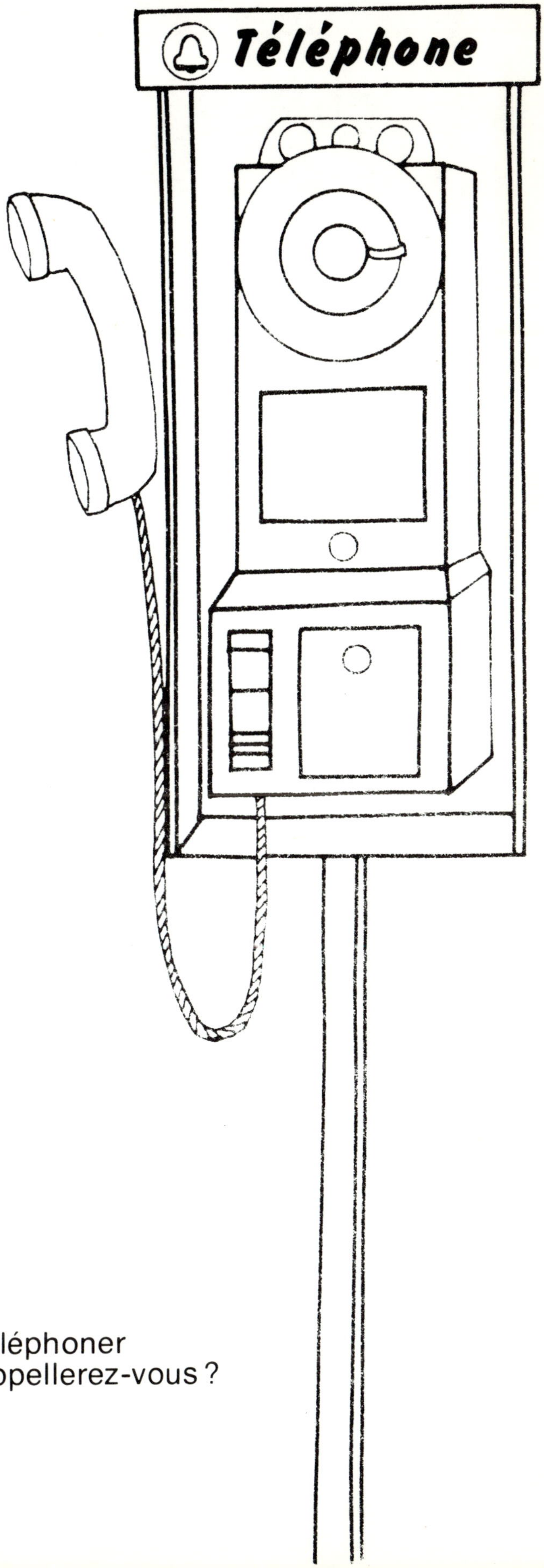

Vous avez la possibilité de téléphoner
n'importe où dans le monde. Qui appellerez-vous ?

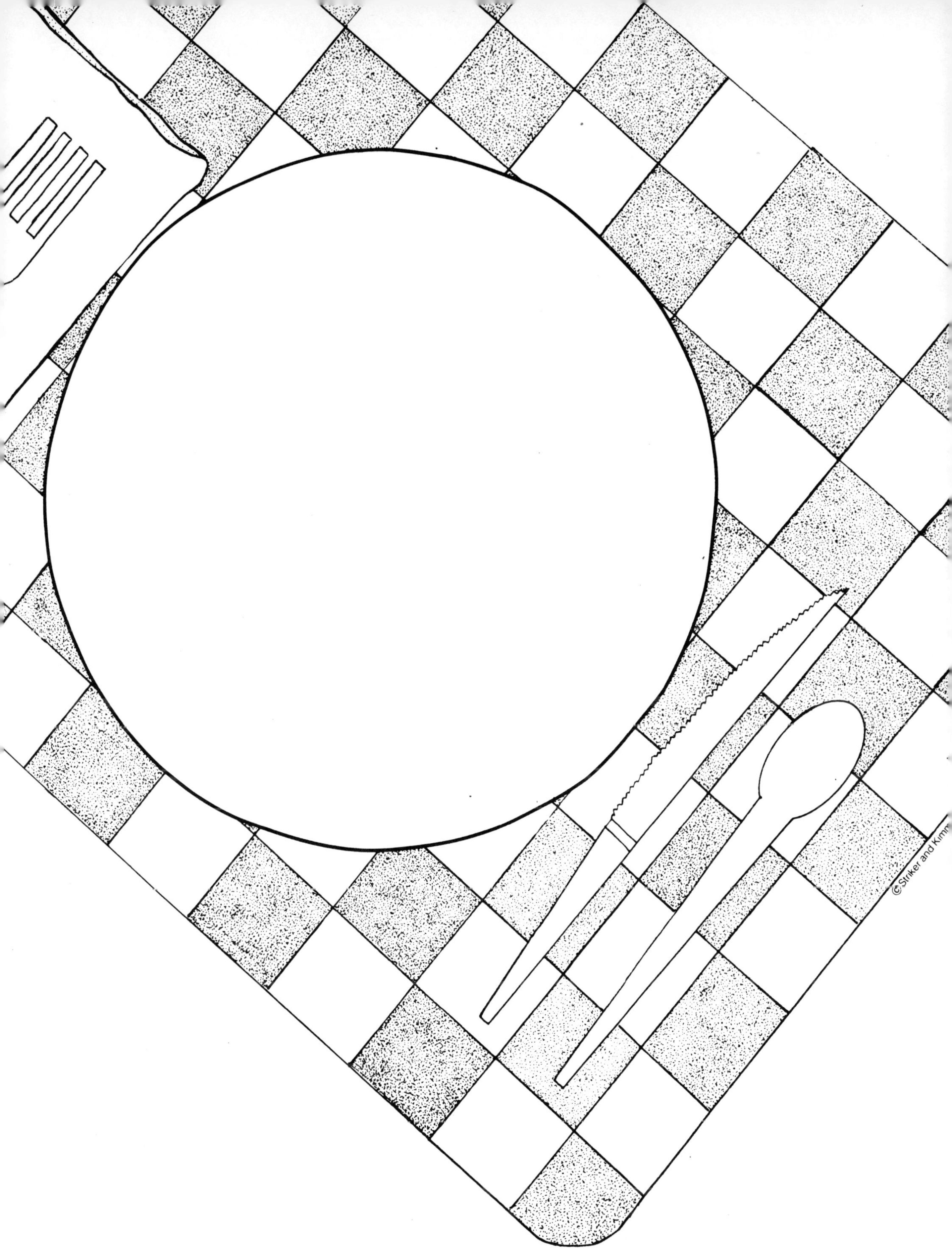

C'est votre assiette personnelle. Comment allez-vous la décorer ?

Catastrophe ! De l'encre est tombée sur la dernière page de ce livre. Essayez de transformer la tache en une image.

Le volume a été achevé d'imprimer en 1987
par Mame Imprimeurs à Tours
pour les Éditions du Seuil
27, rue Jacob - Paris 6ᵉ
Dépôt légal : 4ᵉ trimestre 1982, nº 6289-5